Tilman Rademacher

Der Buchsommelier 3

In der Tinte

AF215854

(Foto: Jonathan Steinbiß)

Der Autor:
Tilman Rademacher, Jahrgang 1978, Schauspieler,
Theaterautor und Filmemacher (filmfuzzi.com) aus
Münster, Initiator der Foto-Satire "Münster morbid"

Tilman Rademacher

Der Buchsommelier 3

In der Tinte

BoD

*Jetzt gibt es nichts mehr
zwischen den erhobenen Händen
und der Wahrheit*

Lars Gustafson, Der Solist
aus: Etüden für eine alte Schreibmaschine

I
Es geschieht
sternschnuppstracks
ich vor dir / Der Friedensbote
Hain / Das Herz eines Löwen
Das Wort hinter Zellophan
Innere Landkarte
Das kleinlaute Gedicht
Wortwolkenfetzen
Bücherbottich
Stummfilm

II
Hier und ja
Angst um Gott
Glaubensfrage
Lob der Hoffnungslosigkeit
Vertrauen / So finster die Nacht
Das sichere Leben (Gleichnis)
Wandlung (Leib Christi)

III
Das asketische Gedicht
ungültige Worte
Reim
genug
Bild
Instant Poem

mondlos

Seelenpflanze

Sinn

Und tschüß!

Von den Stapeln

Wovon der Wind erzählt

Für Mile

Der junge Mann und das Meer

IV

Die Trauerweide

Der Mensch und das Meer

Afrika in mir

Die große Flatter

in der Cloud

Vorsicht! Wildwechsel!

Das nicht ganz so asketische Gedicht

Hui!

Stummfilm 2

Opus magnum, klein

Wie geht es dir?

Die Einfachheit

Kalenderspruch

Von der Erschaffung der Poesie

Die Überschrift

V

Der Verein

Wie im Traume

Das Gerücht

Erntedank

Hund und Herrchen

Ach, Gottchen

Vergebung, ey!

VI

Fallobst

was bleibt

Heimat

Papier ist auch nur ein Wort

Taxi zu mir

Reim 2

Kunststück

Schublade

Raum / wo wir sind

Gedankenunfall

VII

Die Buchsommelière

Steht ein Gedicht

Worte wie Blüten

Raum 2

Er als er selbst

Das Lyrikleck

Poesieprothesethese
Dank dem Dichter!

VIII
Von der Dunkelheit

IX
Herbst im Frühling
Telegramm
Neben Rilke
angekommen / wir beide, alt
Von jungen Rehen, die an Autobahnen stehen
Alle Worte dieser Welt

I

Es geschieht

Es geschieht
an einem Tag
wie diesem

dass aus Wunder
Wunder wird

und was zuvor
uns nicht gelang
gelingt

sich uns zeigt, was offenbar
augenscheinlich, unfingiert

doch schon längst ein jeder sieht

Gutes Besseres gebiert

und niemand
zu Papier uns bringt

sternschnuppstracks

vor dunkler, nächt'ger
schwarzer Wand

Lichtschweifstreich
durchs schmale All

was da regnet:
nicht zu greifen

nicht zu fassen
dieser Streifen

glimmend uns begegnet
Götterfall

schnipps die Kippe von der Kuppe
setz die Nacht in Brand

ich vor dir

/

Der Friedensbote

Am Ende
zerklüfteter Nacht
schwelender Unrat
unter meinen Sohlen
regenschirmruiniert

den Gaul unterwegs
am verdorrten Lorbeer
zurückgelassen

gepeitscht von der
Scharfkantigkeit der Sünde
die bis zur Unkenntlichkeit
verblichene Persona tragend
eingebrannter Schwur
auf der Stirn

dem steinigen, abseitigen Pfad
bis zuletzt gefolgt
und das Banner der Verheißung
in den Leib der Erde gerammt

so stehe ich
über und über

von der Unzumutbarkeit
der Schönheit besudelt

aufgelesene Widrigkeiten
aus löchrigen Taschen
den Nachfolgenden
auf den Weg sickernd

entwurzelt
vor dir

mit neuem Trieb
in der Hand

und als ich
die heiligen Worte
spreche

fällt auch
der letzte Rest
meiner Selbst

dir zu Füßen

Hain
/
Das Herz eines Löwen

Zu lange in
Diaspora

Was furchtlos, einst
und mutig war

liegt brach nun
in Diaspora

Jeder Stärke, Hoffnung bar
Diaspora

Deine Nähe heißt Gefahr

Komm mir, Sanftmut
nicht zu nah

hinausgejagt in Feindesland

König, ich
schreck wenig königlich

bei leisem Laut zurück

Du, komm auf mich zu
berühre mich

noch nicht!

Gib mir eine Ahnung
davon, wie die Zukunft war

Diaspora

Zu lange da
wo du nicht bist

Komm näher mir auf samt'ner Pfote
Schreite in den Bannkreis ein!
Übertritt von mir erlassene Gebote!

Komm mir nah!

Sammle mich auf
in der Steppe

Nimm Stein und Bürde mir
vom Sinn

an denen ich schwer schleppe
die ich mir selber bin

Berühre mich!
mit neuem Sinn

Diaspora

so weit das Auge reicht

Komm schnell!

Kommst du
oder kommst du nur
vielleicht?

Nach deiner Tatze
sehnt sich so mein Fell

Bist du schon hier?
Nach deiner Obhut

winsle ich, das höchste Tier

Halt mich
an der Hand

Sei Oase mir
und neues Land

Sieh, ich halt dir meine Kehle hin

Diaspora – endet hier
das höchste Tier?

Bin gleich Aas für die da oben

Noch bevor sie mich entweiden
web ein neues Kleid für mich

Hilf mir, mich zu kleiden
dich zu loben

Frei von Schutz und Hüllen
reiß noch einmal auf den Rachen

Hörst du mich brüllen?

Hyänen lechzen, äugen, lachen

Komm, ich will mich
mit dir füllen

Brauch kein Reich
nur einen Hain

wo mein Herz kann nahe
deinem sanften Herzschlag sein

Deine Nähe macht mich ganz
macht zum König mich erneut

flicht mir, König
neuen Kranz

Das Wort hinter Zellophan

erstarrt
und in sich selbst erstickt
sieht es dich an

den Mund zum Brüllen aufgerissen
wie eingefroren
lässt es dich wissen:

das Wort steht still
und nackt

schön haltbar bis in tausend Jahren
sauber, rein und hübsch verpackt

so bleibt es konserviert

Aber schmeckt es noch
in tausend Jahren

wenn ein Sommelier
es dann serviert?

Wir werden es erfahren

Innere Landkarte

Die Sterne
starren starr an uns vorbei

Der Regenbogen
ist entzaubert

Der göttliche Funke:
erloschen, verglommen

Uns ward ein Kind versprochen
ein König dann genommen

Kein Schöpfer spricht ein: Sei!
Kein Schöpfer heilt und segnet

Wir wandeln seelenlos
und ohne Ziel

einander nie begegnet

Das kleinlaute Gedicht

Jemand klappert mit Geschirr
plappert permanent
schwätzt und plärrt
und ich dring nicht vor zu dir

Sirenen heulen
Motoren reißen ihre Mäuler auf
es zerreißt das Trommelfell
und grell auch diese Nacht

Soldaten gehen kinderleicht
im Kriegsspiel dummer Kinder drauf

Ein Gärtner fräst laut
Formen ins Gestrüpp
kein Soldat kommt auf Befehl
ins Leben hier zurück

Gräser schießen empor
du kannst sie wachsen hören

Draußen ist es so lärmlaut
Das Innere, intim, vertraut

Mein Stimmchen, lyrischleis
nicht zu verstehen

So laut das Summen der Insekten
und ihre FlügelPaukenSchläge! stören

Müllabfuhr lärmt um die Häuser
und ich flüstere mich heiser

bis schließlich alles leise ist

Das ist der Moment
in dem du hörst
was ich dir sage

und mich
genau

jetzt

vergisst

Wortwolkenfetzen

ziehen vorüber

Lobeshymnen

streifen das Ohr

ansatzweise
halbsatzweise

Abgassätze, Absatzsätze
Trauerflor

Stimmenstücke
treiben wie Holz

Bemerkungen, was soll's
achtlos fallen gelassen

wirbeln laubleicht
durch die Gassen

Sprachlaub
in den Lüften

Stimmenstaub
Partikel zerstieben
in Schall, in Rauch
in Luft, in Wind
geschrieben

So steigt's empor
aus Mundmahlwerken

Gesprächsfetzen
fliehen vorüber

ich an ihnen
wir an ihnen
wir an uns
vorbei

Auf dem Boden
uns zu Füßen

Worthülsen und Hülsenwort
aufgebrochen, leer

Worte wehen wie Musik
seltsam tönende Schalmei

Akzente, Akustik
gesprochene Zeichen

Alles muss
dem Nächsten weichen

und alles Nächste ist
nur Wiederkehr

Bücherbottich

Heilig Buch und Schundroman
hier kommt alles, alles rein
Schmöker, Noten, Comics

Lektor, lass das Lesen sein!
Rühr die Pampe an!

Kostbarer Gedanke
höchste Erkenntnis
alles und nix

Regenwaldverschwendung
Wortgewand und Silbendehnung
Silbenanfang, Silbenendung

Alles wird hier aufgelöst
alles soll und wird verbleichen
muss der großen Pampe weichen!

Alles gleich, kein Unterschied
Epos, Prosa, Tintentat
singen hier ihr letztes Lied
Grausam summt der Apparat

Was dereinst die Muse küsste
sich ein großer Geist ersann
quält sich hier durch Brei und Schlamm

Liebesbrief mit Adressat
alles wird zermalmt, zernagt
wird zu musenlosem Mus

Alles wird gleich gültig hier
Papyrus, kostbar, Werbeflyer
Papier so schier, Papier, Geschmier
Bütten-, Glanz-, nur Schmierpapier

Von der hohen Kunst des Schreibens
bleibt rührend noch ein letzter Gruß

Ja, hier schreddert's und hier fleddert's
bis alles eine Pampe ist

So wird hier aus heil'ger Schrift
und so manch bedeutend Buch
aufwändig nach dieser Prozedur:

ein Taschentuch
nies und weg

fast ohne Spur

So endet Erzählung, Novelle, Gedicht
als zerknüllter, vollgerotzter, weißer Fleck
der ohne Laut den Bordstein trifft

-

Tausend Jahre später
wird aus Schnipseln und Partikeln
dieses Wegwerfstücks
wieder dann ein neues Buch
besonders und bedeutend

Auf das fällt mit etwas Glück
unser Augenmerk, ein neuer Blick

Wir lesen in neuen Kapiteln

suchen nach alter Weisheit
und was doch nur Tinte ist

Stummfilm

Zitterbild
Dunkelhell
Schnellflackerei
Dreckfussellinse
Projektionsgeratterratter
Gestenblickgang
Gangblickgeste
Weiberbeinblickfang
Blicknachwurf
Stehgreifgeste
Mundkussgruß
Laternenpfahlaufprall
Texttafelausruf!
Hutwegflug
Blödblickauge

fin

II

Hier und ja

Wir stehen ratlos
vor dem Wunder

als sei's nicht wahr

Wir stehen ratlos
vor dem Wunder

als sei's, nicht wahr?

Gegenwart in Ewigkeit
ist Wahrheit ohne Lüge

Die Erde spiegelt ja schon jetzt
des Himmel sanfte Züge

Hier endet alles Wissen

Hier bringt sich Gott
uns dar

von Ewigkeit zu Ewigkeit
auf gegenwärtigem Altar

Gnade birgt uns wie ein Kind
weil wir alle ihr bedürfen
weil wir wund vor Sehnsucht sind

Wir stehen und wir staunen

Es ist noch immer nicht zu glauben
und darum glauben wir

wahrer Glaube beginnt

im Zweifel

hier

Angst um Gott

Ich habe solche Angst
dass Gott nicht ist

wie ich ihn glaube

Ich mach den nächsten Schritt
der stets der erste ist

Gut, dass du ganz anders bist

Ich mach mich auf den Weg zu dir

Ich habe solche Angst um Gott
ich habe Angst um dich

Du hast den Weg
der vor mir liegt
geküsst

damit ich sicher trete

So bin ich frei
dank dir

auch ohne Lobgebete

Herr, ich glaube nicht
ich weiß:

ja
dein Königreich ist
hier

Klein der Glaube
Groß der Schwund

Du bist unsre grüne Aue
unser aller Lebensgrund

Ich habe keine Angst um Gott
da ich dich schaue

Glaubensfrage

Sprich mich an
lass mich dich glauben

Herr, wenn ich drohe zu ertauben
hilf mir, dich zu hören

Lass in meiner dumpfen Seele
schlagen einen hellen Klang

Lass mich leben lebenslang

Wenn ich droh, mir zu entrinnen
lass mich mich zurückgewinnen

Lass mich dir folgen, lass erblühen
deine Schönheit, die mir eigen

Ich trag dein Wort in meinen Zweigen

Von jetzt an gilt, was du gesagt
in den Worten deines Sohns

und aus Nacht und Schwärze
hell in unser Leben ragt

Mach mich, Kreatur, nie fertig
Forme mich zu keinem Ende

Liebkose mich
der ich aufbegehre

der ich mich
bis hierhin hab getrieben
der ich mich
nach dir verzehre

Herr, hilf mir
meinen Namen kennen
der auch deiner ist

Sag mir, dass ich bin

Festige Vertrauen

Herr, du sollst in mir
deine ew'ge Kirche bauen

Wenn über mir meine Welt zusammenbricht
und ich wieder mich anfechte

Schreib mir meinen Namen ins Gesicht
Hilf mir, dass mich nichts anficht

Sei der, der die Menschen liebt
sei der Gütige, Gerechte

Und wenn ich mein Gewand zerreiße
bete du, mein Gott, für mich

der ich nicht mehr beten kann

Nur das eine Wort von dir
Sag mir, wie ich heiße

Sprich mich an

-

Rette dich, mein Gott
indem du mich bewahrst

Lob der Hoffnungslosigkeit

All die Gottlosen
waren nie so hoffnungslos
dass sie hätten beten mögen

All die Gottlosen
waren nie so hoffnungsfroh
dass sie hätten beten mögen

Vertrauen /
So finster die Nacht

Herr

wieviel Glaube braucht es
um zur Nacht hin
darauf vertrauen zu dürfen
am nächsten Morgen
wieder zu erwachen

Herr

wieviel Glaube braucht es
um am Morgen
darauf zu vertrauen
den Tag zu bestehen

Herr

es braucht
~~so viel~~

Das sichere Leben
(Gleichnis)

Wir sterben

Das, so sagen wir, ist so sicher wie
das Amen in der Kirche

So sicher wie
auf Blitz Donner folgt

auf Tag Nacht
Nacht auf Tag

Wer am Regen zweifelt
für den scheint nicht die Sonne

Wer leugnet, dass Wasser nass ist
den wärmt kein Feuer

Jahreszeiten lösen sich ab
wie die Rinde vom Baum

Eines Tages kündigt sich
der Haarausfall an

Das ist so sicher
wie deine Schönheit
mir den Tag rettet

todsicher

Wir wissen, wir glauben, wir zweifeln

Wir glauben zu wissen
dass uns der sichere Tod erwartet

Am Tod besteht kein Zweifel
Nur am Leben bestehen Zweifel

Wir leben

Wir glauben an das Leben

als sei es so sicher
wie der Tod

Wandlung (Leib Christi)

Du, der du es nicht vermocht
dein altes Leben aufzugeben

Sieh, ich gebe dich dir neu

Ich, der Weinstock
ihr die Reben

Vorbei, vorbei
die Zeit der Spreu

Hinauf steigt es vom Docht
die Luft ist voll des Duftes
früh erlosch'ner Kerzen

Sieh, ich gebe dich dir neu

Reiß dich sanft aus deiner Brust
pflanz erneut dich ein
Frohsinn stiehlt sich in die Herzen

Erkennst du dich
in deinem Widerschein?

Neues Selbstvertrauen schafft
der Blick in dein Gesicht

Du kannst dich deiner selbst nicht rauben
Vertrauen: nur ein andres Wort für Glauben

Entfache dich erneut an mir
gib dich dir hin, nimm dich an!

Hab keine Scheu!

Vorbei, vorbei
die Zeit der Spreu

Jetzt ist die Zeit, die alles ewig neu
und dich willkommen heißt

Ich, der Weinstock
ihr die Reben

Ich bin Du

Der Wandel, die Wahrheit
und das Licht

Mich hab ich erneut
in dir hingegeben

ich, das Leben

III

Das asketische Gedicht

kommt ohne aus
braucht kein mit
und auch kein viel
schon gar nicht mehr
ist so schon sehr

Wenig sei uns hier genug
Doch was wär noch weniger?
Wär das klug?
Das wär schon Gier!
Also endet's genau
hier

ungültige Worte

nichts ist wichtig
nichts ist heilig

nicht das Leben
nicht die Liebe

wir sind verloren

vor allem aber:

DU

bist nicht
heilig

Reim

Ich reime rein
ich reime raus

Ich finde keinen Sinn
Ein Elefant ist keine Maus

Ein Wunder
dass ich bin

-

Ein Wunder bin ich
wegen dir

Und sage leise
Dank dafür

genug

Ich geh
ins Kloster
In die Zelle
In mich
Bin mit
mir und
Gott allein
genügt

Bild

Milch fließt
aus Kanne

geronnen
starrsteif

Das Bild ward

abgenommen
abgehangen

steht im Lager

Die Milch fließt
in Ewigkeit und Bild
gefangen

ungetrunken

Instant Poem

Da, voilà! Na?

Pah!

mondlos

Oh Mond,
verschone dies Gedicht!
Zuviel wurd über dich geschrieben
Bist dennoch immer
- Mond sei Dank! -
mal hell, zuweilen unscheinbar
nur einfach immer
Mond geblieben

Seelenpflanze

Blühe, kleine Seelenpflanze
treibe aus und reiche weit

niemals darfst du ganz verzagen
niemals, selbst in diesen Tagen

Heilung folgt auf jedes Leid

Sinn

Er nschlte rgndws von Bdeutng

Und tschüß!

Hilft dir nichts mehr weiter?
Nicht mal Lyrik?
Nimm dir'n Strick
Steig auf die Leiter

Von den Stapeln

Stapelbücher, Bücherstapel
niedrig hohe Türme
segmentieren, fluktuieren
sind auf Wanderschaft
sacht bewegt von leiser Hand
stapeln sich von hier nach da
fast unmerklich
wunderbar

Wovon der Wind erzählt

von Chaos, Lärm, Geburtenschrei
von Krieg, von Inzucht, Menschgebrülle
vom allerletzten hin zum allerersten
Urknallbersten
Glücksgerangel, Todesseufzer
und dazwischen

Stille

Für Mile

Der Dichter gibt
bekommt zurück
so viel wie eine Bratwurst kostet
ob er jetzt kästnert oder drostet
drum heißt es
ohne Schnack und Schnick
Bratwurstlyrik

Der junge Mann und das Meer

Ein junger Mann wollt was erleben
ist auf das Meer hinaus gefahren
Ach, dort lauerten Gefahren!
Und das war's dann eben.

IV

Die Trauerweide

Sieh, ich bin
die Trauerweide

Ach, wie sehr ich doch dem Lorbeer
seinen schönen Namen neide

Stünd lieber sonnenblumengleich
auf Wiese, Feld, auf Heide

Doch ich bin die Trauerweide
Lass die Äste hängen

Wiege mich im Winde hin
zu Schwanengesängen
und zu Glockenblumenklängen her
und nach unten zieht es schwer

Sei nicht bange!
Denn länger noch als du
leide ich, die Trauerweide

Würd dich küssen
wenn ich könnte

dich auf tränen-
feuchte Wange

Weide dich, geliebtes Kind, an mir
Nur für dich steh ich
in Trauer gern vor dir
dass dein Blick wird klar

Sei gewiss: auch künftig
leid ich länger noch als du

Leide Tag um Tag und
Jahr für Jahr

Siehe: ich bin für dich da!
Oh, wie sehr ich mit dir leide!

Deine Trauerweide

Der Mensch und das Meer

Brandung
ist
Atmung

Atmung
ist
Meer

Sie
kommt
und
geht

Deswegen ist
wenn wir achtsam lauschen

unser Atem
Meeresrauschen

Wir sind wie die Wellen
wir kommen und gehen

Schließ deine Augen
nur so kannst du's sehen

Leg ein Ohr an die Welt

Hör, wie sie sich
mit dir ein-
und austauscht

Atme aus
und
sieh es ein

hör

wie's rauscht

die Welt

ist dein

Afrika in mir

Wiege der Menschheit
Afrika

war nie da
komm doch von dort

höre die Rhythmen
spüre den Puls
vernehme die Kunde

Welche Zeit ist jetzt in Afrika?

Sehe die Wanderer, die zu uns kamen
sehe ins eigene, fremde Gesicht

Sehe die Farben, spüre das Licht
Fremdwort aus vertrautem Munde

Afrika ist Heimat mir
Ich höre in mich rein

höre die Rhythmen
spüre den Puls
vernehme die Kunde

Welche Zeit mag sein?

Frag den Sonnenstand
In Afrika gibt's keine Uhr

Und die Wüste verliert wandernd
jede, auch die eigne Spur

Ah. Oase. Endlich Halt
Jetzt ist jetzt, ist später bald?

Runde um Runde
die Welt zieht ihre Bahn

Wie spät?

Und ich blinzle in die Sonne
die mir wieder nichts verrät

Sand durch Fuß und Hand mir rieselt
ein Skorpion aus meinem Schuh

Am Nordpol schneit's ein letztes Mal

In Europa: welche Zeit?
Die Wüste ist jetzt da
Die Cocktails stehn bereit

Ein Geier schwebt nicht mehr
hängt eingefroren in der Luft

Ein Rufer in der Wüste:
Wie spät ist's in Ewigkeit?!

Kein Echo und kein Widerhall
Afrika ist überall
soweit das Auge misst
Afrika: so nah
Sofern Afrika nicht doch
Fata Morgana ist

Egal wo ich bin:
Wo werde ich sein?
Und im Tick-Takt einer Uhr
stampft das Bein
im Wüstensand sich ein

Höre die Rhythmen
spüre den Puls
vernimm die Kunde!

Afrika

hier wie da

in Afrika ist
Sternstunde

Die große Flatter

Über uns im frühen Herbst:
Vögel auf dem Flug gen Süden
sehnsuchts-, stetig sehnsuchtswärts

Geschnatter und Geschrei
und ich bin wieder nicht dabei

Halte Ausschau nach der Wiederkehr
Sehne, sehne mich so sehr

Und muss doch den Blick von oben nehmen

Richte ihn gradewegs nach unten
dort, wo meine Füße stehn

Und mein Gehen ist ein Sehnen
Ist mein Gehen Anlaufnehmen?

Richte meinen Blick geradeaus
mein nächstes Ziel, mein nächster Halt
ist nur Zwischenstopp

Spazier ich jetzt schon durch die Wolken?
Pfützenspiegelaquarell:
Ich im Himmel, auf Asphalt

Bin nur Tier, das Ursprung wittert
Und die Kompassnadel zittert

Wenn ich glaube, hoffe, bange:
Geht es mit mir aufwärts schon?
ist nur eins gewiss:
Ich bin nicht Nils Holgersson

Bin auch nicht wie Peter Pan
den Piloten neben sich in Turbulenzen
vor und über, unter ihrer Flugbahn sahn

So sehr ich auch die Arme hebe, hob
bleibe Bodenpersonal, gottlob

All dies bis sie wiederkommen
mit Geschrei und mit Geschnatter

Wann nur bin ich selbst dabei
mache selbst die Flatter?

Wenn der Ruf von oben schallt

also, bald

in der Cloud

Vergilbte Seiten
Versilbte Weiten
Brief und Siegel
Tiefe Spiegel
Tinte und Feder
Fintenleger
Lall und auch
Lack und Jeder
Buchrückenbruchstück
Bruchstückbuch
Rückenbruchbuch
Duftgeruch
Duftluft
Druckluftbuch
Felhdruckscmuck
Fehldrucklook
Permanentes Pergament
Lesebandlandschaft
Hirnhautentzückung
Unkrautbückung
Ewigkeitsüberbrückung
Gleichnisglückung
Zwischenzeile
Zwischenzweizwischenzeilenzeilen
Zwischenzeiteile
Zwischenzeitteile

Zungenzeugung

Wortendungendung

Wortfindungsanhörungstörung

Postskriptumpostwortwurfsendung

Epiprolog

Vorsicht! Wildwechsel!

Ich weiß, ich weiß, ich weiß nicht mehr
ich weiß nur, es war ja so sehr
so wie, so wie, ja, wie denn jetzt?
Am Baume sich ein Wildschwein wetzt
sein lumpiges Kostüm

Das Wildschwein, das bist, Liebling, du
warst Frischling einst, bist borstig nu
so widerborstig, ungestüm
Oh, geliebtes Ungetüm!

Im Baum der Uhu ist entsetzt
macht Augen groß und kriegt nen Rappel
von deinem Rumgeschrammel und Gezappel
fällt auf deinen Kopf 'n Appel

Du hetzt wie eine wilde Sau
querfeldein, von Forst zu Forst
durch Feld und Flur, über die Au
kreuzt Wald und Weg und Autobahn
und kurz stehst du im Stau

Du bringst das Chaos in die Welt
Du ungekrönte Königin der Tiere

Doch wehe, wehe!
Jemand kommt dir ins Gehege
Aus Spaß jagst du jetzt im Reviere
arme, kleine Unschuldsrehe

Ich weiß, ich weiß, ich weiß nicht mehr
ich weiß nur, es war ja so sehr
so wie, so wie, ja, wie denn jetzt?
Am Baume du dich wohlig wetzt
bis nichts mehr von dir übrig ist

Am Baume hängt in Fetzen dann
dein borstiges Kostüm zuletzt

Das nicht ganz so asketische Gedicht

Das nicht ganz so asketische Gedicht
frisst sich selber aus der Hand
verzehrt sich selbst nach sich
lutscht sich die schmalen Finger ab

Andrer Hände Schweiß
trinkt es wie Most

Klebt nach Druck mit fremder Hand
noch was dran
ist das lecker Labsal dann
und ist ihm reiche Kost

Wenn Fließtext spricht
begießt es sich ganz ordentlich

Sieh, wie sich die Finger strecken
Metrum, Syntax, Worte lecken

Manchmal ballt sich
dies Gedicht

und trifft dich
der du arglos schaust

eh du dich ver...

ins Gesicht

Hui!

Es bebt der Kopf
es kotzt der Sinn

Simsala-

Wo bin ich hin?

Das Bild hängt schief
es fehlt die Wand

In der Mitte
schlägt mein Herz

Doch die Mitte
ist vakant

Das Herz ist eine miese Gegend
Das Schicksal ein Verräter

Die Welt ein dunkler Ort
Und ich, Tintentäter

schmiere Wort um Wort
inflationär

Leide unter Logorrhö
das Denken fällt nicht allzu schwer

Ein Gedanke, zwei, noch mehr!
Wo zum Teufel komm' die her?

Zwangsgedanke, Zwangsgedanke
ungesunde Blähgedanken jagen kranke

Das Hirn, es schwilllllt
Teuflisch gut vom Beelzebub
drangsaliert und arg gedrillt

Und der freie Wille hüpft und springt
in der Gummizelle hin und her
Und die Schädeldecke zwickt und zwängt
Gedanken einge-, einge-, eingeengt!

Ein Gedanke plärrt und singt:

Wehe, wenn man mir die Enge raubt!
Denn dann mach ich, was ich will!

Schlimme Dinge!
Auch Verbrechen!

Und das kann ja keiner wollen!

Also wollen wir das Ganze
bevor noch wirklich was passiert

hier abbr

Stummfilm 2

Passantenpromenade
Wegentlanggang
Schönwetterwolkenblick
Liedvorfreudeschmetterglück
Projektionsgeratterattersurre
Bananenschalenwegwerfwurf
Bananenschalenscheinbarharmlosliegerei
Schlendermuße
Handzumgruße
Stehgehgeste
Großaufnahme:
Bananenschale
Protagonistenschritt
Umschnitt:
Bananenschalendrohung
Tritt
Hinfallknall
Langliegdilemma
Auslachmünder
Empörungsfauststreckung

fin

Opus magnum, klein

Mama, guck mal
was ich kann!

Steh schon allein
auf dieser Seite!

Mal sie schwarz-weiß
in tausend Farben an

Mama, wehe
wenn du dich entfernst

Mama, komm und sieh!
Damit du wieder sehen lernst!

MAMA!!!
Bin gefallen auf Papier!
Mama, siehst du hin
zu mir?!

Sieh! Wie schwarz
auf weiß ich bin!

Mama, Mama
jetzt sieh hin!

Mama, lies mich
lies mich auf!

Bin ich naiv?

Sieh! Wie ich
vor Tinte trief!

Sieh, wie die Welt
vor mir erzittert!

Diese Seite: einst verknittert
wie die Haut von Omama

Ich mach sie glatt
ich lutsch sie rund

Die alte, starre Welt, versteinert und
jaja, der Schmerz wiegt schwer

Ich lach ihn leicht!
Mamaaa!!! Sieh her!

Ich bin so groß
die Welt ist klein

Danke, Mama
für mein Reich, die Welt

Ich kann schon viel
und bald noch mehr!

Die Welt, die Welt:
ein Kinderspiel

Und doch:

Das Beste kommt erst
denn, Mama, sieh,
ich wachse noch!

Mama, ich hab
DICH gewählt!

Dass du mich machst
(und ich dich)

Damit du lachst!

Mama, MAMA!
Jetzt hör her!

Mama, hab ich dir
erzählt...?

Wie geht es dir?

Was ist wahr?
Wie weit geht Freiheit?
Wie geht Liebe?

Und, nicht zuletzt:
wie geht es dir?

Vergiss zuerst die großen Fragen!

Vergiss nur nicht, in guten
wie in schlechten Tagen

dich zu fragen:

Wie geht es mir?

Und dann wahr und frei
und liebevoll

es dir zu sagen

Die Einfachheit

Die Einfachheit steht hier vor dir
Da kannst du noch so fluchen

Warum denn das, was hier zu finden
erst ganz woanders suchen?

Sie ist und bleibt
die Einfachheit

Ihr Make up: minimal
Ohne Lärm betritt sie pfotenleis
des Weltendschungels
prunkgewalt'gen Saal

Sie steht
in schlankem Hemd

wenn dein Ich dich
nicht mehr kennt

nennt sie das Kind
beim Namen

Sie bügelt aus die Knittrigkeit
sie bügelt Dramen, Schwierigkeit

Der größte Schmerz
heilt ab dank ihr!

Sie renkt ein, was ungerade
beendet größtes Wirrwarrwirr
und jede Maskerade

Sie war, sie ist, sie bleibt
das eine Wort, dass niemand schreibt
weil es zu einfach ist

Und ein Autor, voller Demut
schon die weiße Seite hisst

Sie lässt sehen, was in Dunkelheit
sie trägt des Tages schönstes Kleid
in der einen Farbe
die ihr die Sehnsucht schenkt

Sie ist und bleibt
die Einfachheit

Die Einfachheit ist einfach da
Sie hält die Hand dir hin

Nebel, Blendwerk lichtet sich
hell erstrahlt der reinste Sinn

Ihre Herkunft bleibt die Mystik
sie heilt mit ihrem Blick, so klar

Sie ist ganz
ohne Firlefanz

Sie zeigt, was falsch ist
und was wahr

und jeder Popanz
ist dahin

Kalenderspruch

Entschuldigung...?!
Der Kalender sagte heute mir:

Mir geht es gut
wie geht es dir?

Jetzt guck nicht dumm!
Blättere mich ritsch-ratsch um

Schnabbel-sabbel-dim-du-dei!

Dann ist heut schon gleich
dieser elend-blöde Tag vorbei

Neuer Tag und altes Pech
Neue Seite, neuer Spruch

Jetzt sieh nicht hin
sieh einfach wech!

Ist das ein Betragen?
Viel lieber säh ich eingetragen:

Ich helfe dir mit leichtem Wort
Stattdessen grient's in einem fort:

Schnabbel-sabbel-dim-du-dei!
Heute hab ich leider frei!

Hilf dir selbst, dann hilft dir Gott!
Täglich kommt des Tages Trott

Du glaubst, du findest
Trost, Motivation?

In MIR?

Ach, du liebes
Menschentier!

Ich bin ein Kalender!
Voll von weisen Sprüchen
Doch was weiß ich schon?

Wenn der Tag mal nicht gelingt
liegt es immer nur an mir
dann heißt es immer:

Aber der Kalender...!

Der Kalender hat gesagt
es würde alles gut

Tatsächlich kommt es schlimmer!

Egal, was kommt, was wird, was sei:
Rufe „Schnabbel-sabbel-dim-du-dei!"

Ruf es laut und froh, beschwingt
Und ich sage dir:

Der Tag gelingt!

Von der Erschaffung der Poesie
(Poesie: von (griechisch)
ποίησις poiesis, „Erschaffung")

Apollon gab dem Menschen
die Möglichkeit zur Poesie

Die Lyra stand
ganz unberührt
so rein und schöner
als sie selbst
stand sie

kein Klang, kein Reim
im Einklang mit sich selbst
perfekte Symmetrie

Nur ward sie nie gespielt
Schöngeister haben nur

zu ihr voll Lust, voll Zärtlichkeit
andauernd zaudernd hingeschielt

Sie stand auf Sockel, auf Podest
Für alle war ihr Anblick Fest

Ein Grobian kam, guckte schief
und griff mit grober Hand hinein

Ein Schreiber schrieb
saß sich so den Po so wund
ging zum Handstand über und

mit nur einer Hand
setzt' er dann

unter sein Geschreibsel
ein letztes Überbleibsel

flugs, kaum leserlich

Und so enstand
versehentlich

- das ist verbürgt -

Die Überschrift

V

Der Verein

Tritt aus der Kirche aus!

Was siehst du da?

Die alte Welt
verjüngt sich unter Schmerzen
jedes Jahr

Die Erbsünde tobt

Niemand spricht Gottes Namen mehr aus
Das gilt als höchstes Gebot

Der Fortschritt entfernt sich
wir gehn auf ihn zu

Es ist ein Kreuz:
Seelenlosigkeit und andres Zeugs
wird frisch eingetütet und verkauft

Und die Erbsünde, sie wütet

Auf alle Sünder
fällt der Sonnenschein

Endlos traurig ist das Leben
Lustig klappert das Gebein

Der Mann am Kreuz uns noch immer
beharrlich durch Leid Freude auf ewig
Barmherzigkeit verheißt

Am Himmel über uns
ein geierdürrer Engel kreist

Der Tod gebiert
das Leben vernichtet

Welt voll neuen Gifts
getränkt in altem Zorn

Am Schluss beginnt's
wie stets von vorn

Tritt in die Kirche ein!
Was siehst du da?

Das Kreuz

Das Kreuz nur
Doch nicht weniger

Wie im Traume

Auf einem Ast im Baum ein Engel träumt
der hat die halbe Ewigkeit versäumt

Er soll den Erdling
vor sich selbst beschützen

Doch das ist mühsam
und nicht so seine Sache

So wenig gibt's für ihn zu tun
nicht Schutz, nicht Rache

Er will ja einfach nichts und alles
nur geschehen lassen

Der Herrgott ist ein guter Mann
und wird ihn dafür schon nicht hassen

Der Himmel ist so voll von Seelen, Spatzen
Wär er nicht ewig weit, so würd er platzen

Auf einem Ast im Baum
lässt ein Engel
seine Seele baumeln

Er träumt vom Frieden
unter sich

Er sieht uns zu:
wir eilen, hasten
stolpern, taumeln

Heut geschieht nicht allzu viel
nur Massenmord und Waffensport
und das reicht völlig aus

Gott kommt nach Haus
und macht den Kühlschrank auf
er guckt und greift zum Gral

er legt die Beine hoch
und wackelt mit den Zehen

Er seufzt

So viel ist heut passiert
und noch mehr ist geschehen

Er schluckt
es schmeckt ein wenig schal

Ach, Gottchen, denkt sich Gott
und seufzt dann noch einmal

Er macht die Glotze an
Das dumme Ding: kaputt

So sieht er aus dem Fenster:

Es regnet Seelen leuchtend
in die Nacht hinauf

Wohin mit all dem Seelenschutt?
So viele gehen, eins, zwei, drei
in hohem Tempo drauf

Auf einem Ast im Baum ein Engel träumt
der weiterhin und voller Lust
die Ewigkeit und seinen Dienst versäumt
und ist sich keiner Schuld bewusst

Er baumelt mit den Füßen

Gott steht am Fenster immer noch
er winkt uns Mördern freundlich zu

Und niemand sieht ihn grüßen

Das Gerücht

Hört!
Ein Gerücht geht um

leise, stetig
dum-di-dum

Ein jeder hört's
im Flüsterton:
Weißt du, kennst du,
hast du schon...?

Es macht
die lauten Zweifel
stumm

Ein Gerücht, das besagt:

Mitten unter uns
ist der, der...

Sprich lauter! Wer?!

Es stört den Alltag
es küsst uns alle wach

Doch Vorsicht!
Handelt mit Bedacht!

Ist ja nur Gerücht

und wir wissen nicht
ob's stimmt

Woher kommt es?
Warum ist es da?

Wofür wurd es ausgesprochen?

Es ist das eine Wort, seit jeher nah
das alles hier lässt blühen, hoffen

Wenn ihr es weitererzählt
sorgt ihr dafür, dass es weiter besteht

Dann seid ihr es, die es verkündet!

Macht euch, damit alles bleibt, wie es ist
nicht zu Komplizen dessen, der...

Sprich lauter! Wer?!

Wollt ihr den Boden bereiten?
Übt euch in der Tugend des Verzichts!

Denn wenn ihr sprecht, wär das Verrat
auf seine schönste Weise

Wollt ihr das?
Sagt lieber nichts!

Und wenn ihr dennoch sprecht
dann sagt es leise!

Ein Wort zuviel
ein Wort nur von euch
macht es lebendig

Ein Wort nur

Macht es lebendig!

Erntedank

Dank für Freund und Feind, juchee!
Dank für Glätte, Eis und Schnee

Dank
Dank
Dank

Für so manche Liebelei
und Zank!

Dank für Reichtum
für Verlust

Dank für Hühnerbein
und -brust

Dank für Freude
Dank für Trauer

Dank für jeden Regenschauer

Dank fürs Geben
Dank fürs Nehmen

Danke, danke sogar sehr
für dies und das und andre Themen

Dank für gar Nichts
Dank fürs All

Dank für jede Zwischenzeile

Danke auch auf jeden Fall
fürs Danke

Denn sonst gäb es nichts zu danken

Ganz und gar nicht aber danke
für alles Lieblose und Kranke

Danke für mein schwer Gemüt
Dank für das, was mir noch blüht

Dank für mich, der ich vor Danke
wörtlich, sprudelnd übersprüht

Dank von hier bis da
Von früh bis Süd

Dank fürs Sein
und danke, nein
ich brauch nicht mehr
als Alles und nicht weniger
dafür aber: Danke sehr!

Danke hierfür
Dafür nicht!
Danke für Geschwür
und Dankgedicht

Danke, dass ich werden durfte
Und auch dafür, dass ich werden darf

Vielen Dank, mein Gott

Dein Schaf

Hund und Herrchen

Herrchen, sieh!
Ich hebe gern mein Bein
um den Lebensbaum zu weihn

Hält mich Gott an seiner Leine?
Oder ist die Leine meine?

Halt, mein Herrchen, mich im Blick
dass ich mich nur nicht verlaufe!

Deine Güte: mein Geschick

Heb, wenn ich ins Wasser falle
du mich gütig aus der Taufe

Ja, ich hol dir's Stöckchen
hol dir deinen Hirtenstab

Nage gern die Knochen
atheistischer Skelette ab

Schnüffel, spüre Glauben auf
knurre gegen Teufel, Tod

Buddel Blasphemie und Kot
tief in Mutter Erde ein

Fein gemacht, ja, brav, ja, fein

Hol den Erdball, der da rollt
jage ihn im freien Lauf
durch das weite, weite All

Treu bin ich bis in den Tod
Wachhund für das Jesulein

Stehe neben Ochs und Esel
wache über dein Gebot
lass mich streicheln immer gern

Über mir: ein heil'ger Schein
und in Betlehem ein Stern

Andrer Leute frommes Lächeln
ist für dich nur falsch und Frevel
nichts klingt schöner als mein Hecheln

Was ist schon ein Rosenkranz
gegen meine Flauschigkeit
mein Gewedel mit dem Schwanz?

Du: das Herrchen
ich: der Hund

Springe über deine Aue
meinen liebsten Lebensgrund

Gott mit mir!
So weit die Leine reicht!

Die Leine reicht bis in die Ewigkeit
und das ist, glaub ich, ziemlich weit

Hör, wie laut ich's winsel, waue:
Vaterunser, Halleluja

Auf Kommando bin ich da!

Treu ergeben ich dir, Herrchen
deiner Gnade, Güte traue

Bin so gerne Götterbote!

Mache Sitz, geb artig Pfote!
Belle, dass der Letzte hier auf Erden
wird aus Döserei geweckt
und in sich, dich, Gott, entdeckt

Bist du außer Haus
wartet meine Seele

treu auf deine Wiederkehr
auf dich, mein Heiland

Hoffnung, Sinn
mein Gott und Herr

Ach, Gottchen

spricht der Atheist
ist doch nur Maskottchen
für dumme, brave Leute

Während er
als Knecht der Wissenschaft
es nicht einmal zu hoffen schafft
dass Leben auf das Leben folgt

Auf dem Sterbebette, er
sich zitternd macht ins letzte Hemd
zunächst die Windeln voll-
und sich dann total verpisst

Ach, Gottchen
armer Atheist

Vergebung, ey!

Vergebt mir, Vater
denn ich habe gebetet!

Das, mein Sohn
bedarf doch nicht...!

Hört mich an!
Gebetet hab ich für alles Schlechte
für meine Gäste, meinen Nebenmann!
Ach, wenn ein Engel es nur brächte
das Hässlichfalsche, Abgrundschlechte!

Endlich, endlich will ich sündigen!
Zeitlebens bin ich frei von Missetat
niemals ich meinem Nebenmann
scheele Blicke zuwarf, auf die Füße trat

Das muss anders werden!
Bitte, nimm hinfort
dein Himmelreich von Erden!

Ich glänz als Gandhi des Gedankens
bin Buddhas Bester
Meisterschüler Mohammeds
und Jesus-Freak

So sehr ich mich bemühe
ich bleib stets Teil von jener Kraft
die stets das Gute will
und dummerweise stets
dem Guten hilft zum Sieg

Ich wollt', ich spie dem Jesus in die Krippen
doch kam nie falsches Wort noch Zeugnis
mir über meine liebevollen Lippen

Geh mit des Teufels Weib ins Bett
Endlich, endlich will ich Sünder sein!
Allein, ich bin zu nett

Ach, verflucht!
Es ist zum heilig werden!
Bitte, nimm hinfort
dein Himmelreich von Erden!

Vergebt mir, Vater
denn ich habe gebeichtet!

VI

Fallobst

liegt so schön

Was bleibt

sind die Kratzer
an der Oberfläche
der Unschuld

Heimat

dich wiedersehen

Papier ist auch nur ein Wort

Als ich die Worte hatte
fehlte das Papier

Als ich das Papier hatte
fehlten die Worte

Als ich beides hatte
schmähten Worte
und Papier einander

wie ein streitsüchtiges
Paar

Taxi zu mir

Wozu den entbehrungsreichen Weg
zu sich zu Fuß auf sich nehmen
wenn man das Taxi nehmen kann?

Wenn ich bei mir ankomme
kann der eine Teil von mir

den anderen, der ja unbedingt den
abenteuerlichen Weg zu Fuß gehen musste

lässig mit zwei Drinks in der Hand
begrüßen

Reim 2

Wort, nicht so sperrig!
Wort, komm, ich zerr dich

Hier, ja, hier hinein!
Wort, werd Reim!

Wort! Bei Fuß! Gib Pfote! Brav!

Sei Bote für Gedanken
Ich will es dir mit hübschem Vers
und Musik im Metrum danken

Ja, wer ist denn hier ein feines...?!
Ja, wer ist denn ein ganz feines,
ja, wer ist denn hier... fein, ja, fein!

Hey! Hier wird nicht geknurrt!
Dein Laut sei lieblich, rein

Wort, bei Fuß! Äh, auf Papier!

Kriegst auch Leckerli
und tolle Überschrift

Doch bist du nicht willig
so brauch ich Gewalt

So, noch mal, damit es sitzt:

Sei lieb, sei brav
mach Sitz, gib Pfote!

Gehorche!
Denn sonst wird aus dir

                                    nur Randnotiz
                oder

Fußnote

Kunststück

Ich zähl jetzt bis eins
und dann passiert's:

hier und nur hier
reimt sich

zwei auf vier

Schublade

Denk mich in eine Schublade
hinein, die klemmt
zu Socke, Unterhose, Oberhemd

Hinein in eine Schublade, die knarrt
Und was nicht reingeht
stopf es separat

in Kommode, Koffer, Topf

Was von mir nicht reingeht
in deinen allzu engen Kopf

Gesagt, getan

Wort drauf!
Hand drauf!

Pfropf!

Raum / wo wir sind

Das All
der große Saal

ist Halle
für uns alle

Oder ist es
Falle, Loch?

Falls ja:
Na, wunderbar

Falls nein
egal

Vielleicht
hört unser leises Wort

ein tauber Gott
ja doch

Gedankenunfall

Als Gedanke auf Gedanke
mit Vollgas aufeinanderfuhr
blieb von diesem Crash, frontal:
nur 'ne wunderbare
Schrott-Skulptur
Ein Schaden schön
Doch schön total

VII

Die Buchsommelière

Sie liebt nur die Bücher
doch die liebt sie sehr

Mesdames et Messieurs:
la Buchsommelière!

So viele Gentlemen und auch Chameure
werben um Gunst, falln auf die Knie

Die Männer betören
die Männer, sie schwören

Die Männer haben nur Augen für sie
Doch sie hat nur Augen für Poesie

Selbst von Autoren
will'se nichts wissen

Sie liebt nur ihr Werk
das liegt an sie angeschmiegt
gleich neben den Kissen

In den Herzen der Männer
herrschen Leidenschaft, Drangsal
Alle, alle wolln'se küssen

Doch ihre Lippen bleiben schmal

Denn auch küssen, nein
das will sie nicht

Das steht ihr geschrieben
ins schöne Gesicht

Die Männer legen ihr Bücher
wie Blumen zu Füßen

Sieh her!

Ich begehre dich
Buchsommelière!

Liebesbriefe werden geschrieben
per email oder postalisch

Das Leiden der Männer
wird infernalisch

Ach, wenn doch nur Antwort
ein einziges Wort! von ihr käm

Doch sie, die Belesene
sie liest lieber Spam

Die Männer schreiben
die Finger sich blutig und wund
Herzblut fließt

Und sie? Sie liest

Doch sie liest nur
Nase, Augenbraue hoch

Und selbst die besten Briefe
sind in ihren Augen bloß Schund

Auch empfängt sie keinen Empfang
sie ist sozusagen ausge*bucht*
und das für recht lang

Erst wird sie verehrt und später verflucht

Aus Liebesbriefen werden
Hass-Emails, Drohanrufe

Doch sie geht nicht ran
Denn genau jetzt
(und dann ist fast immer)
wird's grad spannend im Liebesroman

Ja, die Männer gucken dumm
Und die Buchsommelière?

Sie blättert um

Aus der Liebe der Männer
wird Antipathie

denn sie, sie liest
aber antwortet nie

Allmählich steht's schlimm
um der Männer Benimm

Die Männer vergessen ihre guten Manieren
kein gutes Wort gibt's über sie zu verlieren

Diese elende Schlampe!

Sie liest sogar Nachts
im Bett und mit Lampe!

Sie liest bestimmt Bücher von Feministen!
Sie liest einfach alles! Selbst Bestsellerlisten!

Sie macht's mit jedem Buch
und das ganz öffentlich!
Im Park, in der Bahn, auf der Wiese
Wie kann sie nur?!
Diese Elende, diese…!

Ihre Welt ist doch nicht mehr real!
Sie ist so bibliophil, das ist schon pervers!
Ihr Ein und Alles ist der geschriebene Vers
und somit alles Andre wortwörtlich egal

Ja, sie liest! Psalm, Vers und auch Sure
Die Buchsommelière, diese elende...!

All dies ist recht grob
und wirklich nicht fair

Doch sie ist und bleibt
und lebt in den Büchern:

die vergebens begehrte
Buchsommelière

Steht ein Gedicht

Steht ein Gedicht
im Buch, seufzt:

Könnt ich doch
sitzen, liegen!

Doch, nein
ich muss ja stehen

egal ob viel beäugt
egal ob ungesehen

Es ist zum Aus- und Nebensatz
zum Doppelpunkte-Kriegen!

Schlag's zu, das Buch!
Doch nicht zu fest!

Sei sanft zu Wort
und Vers und Spruch!

Denn Reim und Metrum
gehen schnell zu Bruch

Schlägst du
es zu fest zu

dann zerfallen Wort und Zeichen
und der ganze andre Rest
tanzt und wirbelt wild umher

Sinn und Tiefe, nicht Papier
machen dieses Buch so schwer

Lugst du vorsichtig hinein
ordnen sie sich wieder an

Stehen so, als stünden sie schon immer
stehen für dich stramm

Buchstaben mit Unschuldsblicken
Wort um Wort, dazwischen: Lücken

Nie siehst du sie wirbeln, tanzen
Kopfstand machen, gehen

Die Worte stehen
denn das Buch hält Wort

und Satz und Zeichen
fest zusammen

wenn du's nur fest genug
in Händen hältst

Also, nochmal:

Schlag es zu!
Doch nicht zu fest!

Denn innerlich zerfällt's

noch bevor du's
in Reih und Glied
ins regal'sche Regiment
zu seinesgleichen
stellst

Worte wie Blüten

Vergrab einen Buchstaben
mit freundlicher Hand
in weißem, papierenem Grund

Tinte, schwarz, sprießt bald empor
und die Augen werden rund:

Ein neues Wort!

Es sieht dich an, du siehst zurück
So einfach ist manchmal das Glück

Vergrab einen Buchstaben
und ein Wort wird wachsen

Verästelt erobern sich Sätze Raum

Hab Vertrauen

Aus Angst vor fremden Blicken
brauchst du keinen Zaun zu bauen

Das Wort ist frei

Nur zum Schenken
kannst du's pflücken

Ein Buch entsteht

Das Wort kennt deine Not
Kam es je zu spät?

Es gedeiht durch deinen Blick
dein Blick erst macht es wahr

Das Wort schreibt mit
an deinem inn'ren Buch

tagaus, tagein
und das in jedem Jahr

Die Saat geht auf und bald
stehst mitten du im Blätterwald

Du hörst es rascheln, wehen

Ein Buch muss man nicht lesen
und schon gar nicht erst verstehen

Ein Buch erblüht nur aufgeschlagen

Worte, stumm gelesen
freundlich lachend vorgetragen

hinein in unsre Fenster ragen

Worte wie Blüten
gepresst zwischen Seiten

durch Zeilen, Blick
und Hände gleiten

\-

Durch den Tag uns Füße, Güte
wie auch unsre Worte tragen

Raum 2

Das All
Massengrab der Sterne

Kein Gesang und kein Gejammer
tönt durch unsre Dunkelkammer

In uns und auch außen rum:
Universum, reichlich, stumm

Sterne, gefror'nes Feuerwerk
Nichts gerinnt hier nie zu Sinn

Wer gebot dem Feuer: Halt!?
Das All ist groß, das All ist alt

Und wir sind
mittendrin

Das All ist blau, das All ist pink
Und mittendrin ein Raumschiff sinkt

Im Tausend-Sterne-Restaurant
sitzen wir, sehn in die Sternenkarte

Von den Tischen wird
der Sternenstaub gepustet

Und ein Gott in Putzfrauenkluft
wedelt, wischt und hustet

Das All, noch staubt's
macht wer mal ein Fenster auf?

Wir sitzen und schlürfen dunklen Kaffee
der rinnt ins innere, schwarze Loch

Ah, da kommt der Allmächtige schon
fragt uns höflich: Was soll's sein?

entzündet ein, zwei Lichter noch

Und wir sehen Sterne
und ja, wir sehen es ein:

Hier ist unser Platz
bei Sekt, Kaffee und Schwatz

Das All ist gemütlich, hübsch dekoriert

Sternentrunken gröhlen wir
später ziehen wir von Stern zu Stern

Viel Gesang und viel Gelall
tönt durchs schwarz-bescheid'ne All
bis sich die Spur verliert

Das All, das Tausend-Sterne-Restaurant
lädt ein zum Tanz im Sternenglanz

Und wir sind Teil davon

-

Wenige Lichtjahre später:
Gott knipst die Lichter aus

Das All ist groß und schwarz und leer
Und niemand, der mehr stört

War hier mal wer?

ruft Gott, bleibt ungehört
und schließt die Bude zu

und geht allein
nach Haus

Er als er selbst

Ein Schauspieler
ist immer nur er selbst

Nie ist er jemand anders

Er spielt ja nur
mal den, mal die, mal das

ist Mutter, Mörder, Kind

Ein Fähnchen, flatternd
Wankelmut ist er im Wind

Er ist Kind, das zur Mutter
eines Kindes wird

und ihren eig'nen Mörder
selbst gebiert

So bleibt's in der Familie

Der Mörder auf Vergeltung sinnt
vergelten kann's nur Gott allein

Und auch den spielt er passabel
nein, doch, wirklich, ja, ganz fein

Er spielt mal schlecht, mal falsch
mal noch viel schlimmer

Vom Leben hat er keine Ahnung
nur von der Kunst hat er'n Schimmer

und die birgt Wahrheit in sich

Er spielt, dass sich die Balken
pardon, die Bretter, die
die Welt bedeuten, biegen

Und spielt er auch nicht richtig
ganz falsch kann er nicht liegen

Er spielt, er sei, er ist

Und so gewinnt er immer
weil alles immer stimmt

egal, wie falsch es ist

Das Lyrikleck

Seelensaft tropft
aus dem Hahn

kleckert, trieft
auf diese Stelle

nennt sich Lyrik
nennt sich Reim

Seele, offenes Organ!
Kleckst, befleckst mit Text
Papier, das helle
Und kein Handwerker zur Stelle

Oh, undichter Dichter, du
sabbernd bist dem Tiere gleich

Hier, an diesen Zeilen leckst
gehst dir selber auf den Leim

Poesieprothesethese

Poesie ist nur Prothese
für all das Wahre, Schöne, Gute
und all das andre
Rumgejammer und Gewese
Rumgedichte und Getute

Dichters Denke, Rumgeeier
Tintentunke, Rumgeunke
Tanz ums Wort und Lyrikleier
um die Seele: schwere Schleier

Schmerz der Welt
hält uns in Händen
unsre Seelen, Herzchen, zart

Und wenn ich am Kopf mich kratze
fällt ein Reim mir aus dem Bart

Lyrik blüht so sonderbar
zwischen Grab und Stein

Gute Lyrik ist so rar

Auch das dickste Menschenschwein
passt in die engste Urne rein

Wo schlägt das Herz?
Wo ruft die Seele?

Reicht der Kummer
bis zur Kehle?

Besagt das Wort nicht:
„Stirb und werde"?

Da! 'ne Zeile!
Auf sie mit Idyll!

Pflück sie dir! Pflück Poesie!
Lyrik blüht auf schwarzer Erde

Gepresst wie eine Blüte
klebt sie zwischen Seiten fest

Ja, sie lebt!

Doch meistens klopft
– und das ist arg –
das ganze schöne Rumgedichte
nur von innen an den Sarg

Dank dem Dichter!

Der Dichter denkt
Gedanken ranken sich
dem Unkraut gleich
um seine graue Grütze

Er trifft das Wort
das Wort trifft ihn
Ein Kinderfuß die Pfütze

Dichter, alter Brückenbauer
in die Seele steigender
In-die-Seele-Schieler, -Schauer
Klagelaut-Lamento-Klauer
leidender Wehwehchenkauer

Dank dir nur sehen wir genauer
sehen Sinn, wo Unsinn war
was verworren ist, wird klar

Der Mensch ist frei
der Mensch ist gut

Der Mensch schöpft
aus Gedichten Mut

Und aus der Henne fällt
ein Kuckucksei

Der Seelengourmet
kratzt aus der Seelenschale
letzte Reste Logorrhö

Aus tintentiefem Seelensee
trinken wir den bittren Tee

So sieht's also aus
in uns und auf der Welt

Der Dichter denkt sich aus für uns
und an, schlägt uns in Bann

Der Dichter ist ein Akrobat
er jongliert, artikuliert

Seine Seelennabelschau ist selten fad
und seltener noch öde

Dichter, stolzer Pfau, hab Dank!
Denkst für uns dich blöde

VIII

... so wäre auch Finsternis
nicht finster bei dir, und
die Nacht leuchtete wie der Tag.
Finsternis ist wie das Licht.
(Psalm 139,12)

Von der Dunkelheit

I

Vor dem Anfang
Dunkelheit

Die Welt
in dunklem Stoff
und Kleid

Dunkle Früchte warten
im dunklen Paradies

als Eden noch nicht Eden hieß

Finsternis
vor dem Licht geschaffen
schweigend geflossen
aus uns verborgenen Karaffen
bedeckte Berg und Tal

Wächter warten, harren blind
müd des lichten Tags
bis die Nacht hereinbricht
und das Heil beginnt

Da! Lucifer!
Stürzt herab

entzündet grell die Welt

Das Wort, das Licht
das sichtbar macht
den Fehler allzumal

Lodernde Löcher
Schwarzer Vorhang Nacht
Hell und Schwarz im Widerstreit
funkelt, dunkelt
Spiel seit Ewigkeit

Die Welt: gesenkt in Brunnen tief
denen niemals Laut entrungen
Die Welt: glückselig und gesund
als sie noch innig, in sich schlief

Dies ist der wahre Bericht
vom blinden Vertrauen

von hellichter Nacht
vom Kommen und Sehen

vom Schwinden, Entstehen
vom Beginn ohne Ende

vom Schauen, Erschauern
von Reue, vom Dauern

entsetztem Verstehen
entsetzendem Lauern

Wenn's laut ist, hört man
niemanden, der spricht

Wenn's hell ist
werden wir geblendet

Nur neben Wölfen
sehen wir das Lamm

Im Dunkel tasten wir umher
das Dunkel schmiedet unsre Sinne
verborgen gütig unsre Scham

Dies ist der Bericht
von Gott, der Wort hält
indem er sich uns offenbart
und offenbar eindeutig
widerspricht

Wir sehn die Welt
in Farbe
in grau, schwarz / weiß
vermischt

Das Einzige, was bleibt
ist die Erinnerung

und auch die erlischt

Das Einzige, was irritiert
ist, dass im Schwarz

ein Stern pulsiert

Warum ist Gott so sparsam mit dem Licht?
Woher kommt seine Scheu?

Sehn wir nur immer wieder Altes neu?
Wie ein Fisch ohne Gedächtnis?

Trüb unser Blick im Himmelsteich
Ist das unser Vermächtnis?

Weithin der schwarze See des Alls
SEIN dunkles Blut für uns vergossen
Und der Abfluss, Ablass bleibt
versiegelt und verschlossen

Sterne glitzern auf
wankenden dunklen Wogen

Ja, SEIN lichtes Wort

wiegt dunkelschwer
das uns auferlogen

Die Sternenkarte:
geknickt und klein gefaltet
und Gottes Glut erkaltet

Gelobt sei, der da spricht:
Fürchtet euch nicht!

Solange Gott nur schweigt

Weh dir, oh, Welt!
Wenn Gott das Wort erhebt!
Und die Flamme neigt

Doch ihr, oh, fürchtet euch!
Ihr wollt nicht, *könnt* nicht wollen
dass ihr im Lichte lebt!

Beschwöret nicht
den Weltaufgang!

Haltet Blick, Gebet zurück
und auch Gesang!

Sonst bricht herein das Paradies!

Und im Zwielicht, Dämmerschein
erschlägt nach Abel selbst sich Kain

Licht, Nicht-Licht!
Lustig drückt Gott Tag und Nacht
Zu oft! Zu viel! Zu schnell!
Es ist vollbracht!
Und wieder nicht

Und alles wuchert, blüht, gedeiht!
Wie fürchterlich ist Ewigkeit!

Erst wenn wir nichts mehr sehn
sind wir fürs Sehn bereit

„Herr, bleib bei uns,
denn es will Abend werden."

„Herr!" So beten wir
Doch unsere Gebete
gleichen Drohgebärden

Wächter warten, harren blind
und sie wissen nicht worauf
schwarz gewandet ganz und gar
bis sie ganz umnachtet sind

Kein lichtes Wort, kein Schwert so scharf
trennt die Kontrahenten: Licht, Nicht-Licht:

Der Schöpfer kann's nicht fassen
Er brabbelt undeutlich im Schlaf
ganz von sich selbst verlassen

Und Gott trägt schön ihr Haar voll Stolz
ihr Haar so schwarz wie Ebenholz

Im Entstehen ist bereits vergangen
Licht, das scheint, doch keines ist

Licht, das schwindet und verblasst
Liebster Fraß der Dunkelheit

Heil uns, die wir uns verhüllen
in schmutz'ge Lumpen eingefasst!

Lockt Gott nicht leichtfertig
mit Ruf, Gebet!
Betet nur, dass Gott den Lockruf
nicht erhört und nicht versteht!

Macht die Augen auf
nur wenn ihr der dunklen Braut
nicht blindlinks mehr vertraut

Dunkel senkt sich
schwer auf Lider

Vom vielen falschen Sehen wird
unser Blick nur müder

Dunkelheit sei uns Geleit
Dunkelheit: ein Trutz

Schutz vor grellem Blitz, der gleißt
uns SEIN fürchterliches, sanftes Wort
einsenkt, uns entflammt, zerreißt

Und schweigend kühlt
den Blick uns Nacht

Dunkelheit verleiht uns Schutz
vor dem, was uns mit aller Macht
den Blick so hell verdirbt

Ist grausam so das Paradies
dass sich der HERR verbirgt?

Heil dir, der du dunkel wirkst!

Wohin mit unsrem müden Blick
am ersten, letzten, ew'gen Tag?

Wie gütig warst du, unser Gott
als du das Licht vor uns verbargst!

Und unsre Augen bleiben stehen
wie ein Herz, das zu oft schlug

Blind unser Sehen und das Auge
das SEIN Antlitz nicht ertrug

Gott spricht nicht mehr

Das eine lichte Wort
war schon zuviel

als Feuer von IHM in uns fiel
und aus Eden Erden ward

und wir sehn das ganze Spiel
unsre gottgewollte Gegenwart

II

Kriegsschauplatz Genesis:
Licht und Finsternis
Sternenknistern, Firmament
Der Sternenhimmel kokelt, glimmt
Heil dem, der den Blick uns nimmt
dass er nicht verbrennt

Dies ist Prophezeiung!
Schwarz die Farbe der Befreiung!

Schwarz die Farbe unsres Heils!
Schwarz die Wasser unsrer Weihung!

Heil uns Sehsüchtigen!
Heil uns Sehtüchtigen!

Dunkel donnert, grollt SEIN Wort
unser Heil verheißend
uns mitreißend fort und fort

Seht die Krieger SEINES Lichts:
aufgespießt auf hellem Strahl
der stachelgleich und wie aus Stahl
aus der Brust nach oben bricht
sich verliert im großen Nichts

Wie Insekten auf der Nadel
Gottes Sammlung, Kollektion
darin geopfert: Sohn um Sohn

Fluch dem Wort, das zu brennen uns befahl!

Die Menschheit ist des Höchsten Klon
Wie Mönche ziehen wir in Prozession
um seinen fürchterlichen Thron

Ja, er heißt Gott Zebaoth
Anführer der Heere
der den SEINEN Licht versprach
und nur Glanz und Blendung bot
uns mit Licht ins Auge stach

Woher das Licht?
Wozu? Doch du
oh, HERR
verrätst es nicht

Still vertraut das Licht der Nacht
sein einfaches Geheimnis an

Tag stößt auf Licht
Ist da ein Klang?

Führ uns endlich hinters Licht!
Dass wir seufzen, jubeln können

Ja! Es ist vollbracht:

Nach eines langen Tages Reise
legen wir das Heil der Welt
HERR, in deine Nacht

Still die Dämmerung
erwacht

Und mit einem
Wimpernschlag

kommt die Nacht
oder der Tag

Nach dem Ende
Dunkelheit

Wir sehn das Licht
erst, wenn der Tag

- weithin für uns
verschwendet -

Erst, wenn das Licht
sich wendet

sehen wir

Wenn's laut ist, hört man
niemanden, der spricht

Wenn's hell ist
werden wir geblendet

Und wir wissen nicht
wie's anfängt

und auch nicht
wie's endet

Dunkle Früchte im dunklen Paradies
als Eden noch nicht Eden hieß

Und alle Welt liegt noch in Grau
Gottes Augen funkeln fuchsgleich
tief im Bau

Die Welt: ein dunkler Ort
und Gottes ungesproch'nes Wort
liegt faulend und verdorrt

Und wir Wächter
warten blind

vertraun darauf
dass wir endlich
sehend werden

Doch - bei Gott! -
am Ende niemals
sind

-

Wir sind
der Anfang

IX

Herbst im Frühling

Ein Herbstblatt im Frühling
das segelt leicht dahin

Es führt nicht viel im Schilde
es hat nicht viel im Sinn

Ein Herbstblatt im Frühling
dir aus dem Blickfeld flieht

verheißt für den nur Glück
der es als Glück ansieht

Telegramm

Hol mich ab.
Koordinaten: Abseits.
Am Arsch. Im Regen.
An Landstraße ausgesetzt.
Angebunden an
Telegrafenmastmarterpfahl.
Zieh Leine. Zu mir.

Traurige Touristenattraktion.
Fotomotiv für Suizidale.
Leine verheddert. Fell vollgesogen.
Kalt. Nässe. Wind.
Gegenteil eines schönen Tages.
Kommst du? Bitte. Bald.
Eines schönen Tages?
Wind. Nässe. Kalt.
Darauf schon jetzt
einen Schmutzpfützendrink.
Eine kleine Abgasschnüffelei.
Autos rauschen vorbei.
Jedes einzelne eine vergebene Hoffnung.
Vorbei. Vorbei. Vorbei.
Wedeln mit Schwanz zwecklos.
Schwanz abgeschnitten.

Bring Nähzeug mit.

Neben Rilke

Nichts steht
neben Rilke

Neben Rilke wird
aus jeder Wahrheit
nur ein ja, mag sein
ein Ungefähr

Und ein jedes weitre Wort
bleibt fade, öd
und seltsam leer

Neben Rilke
trifft in unsre Brust
kein andres Wort

Und ein jedes andre, weitre
ist verzichtbar
und Verlust

Neben Rilke besteht
kein andres Wort

Ein jeder neuer Schöpfer
begeht, begiert, gebiert

unter Wehen Unfug nur
und wirft ihn über Bord

Neben Rilke bleibt
ein jedes weitre Wort
bleibt alles nur gering

Alles, was mich inspiriert
wovon ich lebhaft sing:
ein jedes Wort verdorrt

Neben Rilke bleibt ein jedes Wort
belang-, bedeutungslos
bringt nichts hervor
gleich einem unfruchtbaren Schoß

Wortreich flieht, was klug gedacht
hinfort, entschwindet uns
und von dort, woher es kam
geht's wieder still, beschämt dahin

Nur wenn ich Rilke lese
mag's sein, dass es gelingt

weil ich dann Rilke bin

Nichts steht
neben Rilke

angekommen

/

wir beide, alt

Angelehnt an ein reiches Leben
das eine alte Parkbank ist
in die Verliebte, Besoffene und
lustige Vögel ihre Zeichen ritzten
sitzen wir

Zusammengezählt sind wir alt
subtrahiert sind wir jung

jünger als die Welt

Gemeinsam wollen wir
unsre Füße untersuchen

den Schmutz abschälen
unser Fleisch betrachten

und staunen und lachen
wie all dies möglich war

-

Und wir erinnern uns der Worte
die der eine dem anderen zuflüsterte:

Los geht's!

Von jungen Rehen
die an Autobahnen stehen

Ein scheues Reh stand
am Rand der Autobahn

stand still
und konnt' nicht anders
als zu lauschen

Ein monotoner Klang
ein Rauschen:

Autobahn

-

Ein scheues Reh sprang in den Wald
und sammelte dort Mut

-

Ein mut'ges Reh nahm Anlauf dann
und sprang und

DANN!!!?

Autobahn

-

Ein nicht mehr scheues Reh
steht an der Autobahn

auf der anderen Seite

Ein Glück

denkt es voll Stolz
doch leider auch:

Was soll's?

Gleich kommt
der Sprung zurück!

Alle Worte dieser Welt

Alle Worte dieser Welt
haben nichts zu sagen

Alle Bilder dieser Welt
zeigen und bewundern sich

Alle Töne tönen nur

Und kein Wort
meint wirklich DICH

Alle Sterne: unerreichbar
Ein Komet fliegt aus der Spur
ohne Ziel fällt er und fällt

Alles Gute wird verkehrt
Sinn wird täglich sinnentleert
für die Abfuhr an der Straße
hingeworfen, abgestellt

Zurückgelassen bleibt ein Kind
das wartet brav, macht kein Geschrei
und dazu dröhnt leise
eine dumpfe Melodei

Und das Kind bewegt sich nicht
es sieht dich an, in stiller Ruh
ein leises Flehen hat es im Blick

Und dies Kind, das bist wohl
DU

Alle Zeichen dieser Welt
sind nur Zeichen, sind Symbol
sieh, wie sie einander gleichen
und von innen sind sie hohl

Und vom Himmel löst sich ein Komet
(löst sich ein wie ein Versprechen)
der uns, wie es Früchte tun
direkt vor die Füße fällt

Und der Schrein steht aufgebrochen:
Wer nur stahl das Herz der Welt?

Ich wälze Bücher um wie Steine
Ist ein jedes schon erzählt?

Geschichten werden neu geschrieben
Sag mir bitte:

Wie geht DEINE?

Ich bin wie du
verloren in der Welt

Sei unbesorgt
wie ich es bin

Sieh!
Ich halte meine Hand
dir hin

Weil nur dein Wort
mich hält

Dank an
Tabea & Christian Peitz

Der Buchsommelier auf Lesetour!

„Das Publikum fesselnde Vortragskunst."
„Tragik und Komik kulminieren
in einem furiosen Moment."
(Westfälische Nachrichten)

Tilman Rademacher

DER BUCHSOMMELIER

Die Trilogie

buchsommelier.de